¿De dónde viene?

De la flor a la miel

por Penelope S. Nelson

Bullfrog en español

Ideas para padres y maestros

Bullfrog Books permite a los niños practicar la lectura de textos informativos desde el nivel principiante. Las repeticiones, palabras conocidas y descripciones en las imágenes ayudan a los lectores principiantes.

Antes de leer
- **Hablen acerca de las fotografías. ¿Qué representan para ellos?**
- **Consulten juntos el glosario de las fotografías. Lean las palabras y hablen de ellas.**

Durante la lectura
- **Hojeen el libro y observen las fotografías. Deje que el niño haga preguntas. Muestre las descripciones en las imágenes.**
- **Léale el libro al niño o deje que él o ella lo lea independientemente.**

Después de leer
- **Anime al niño para que piense más. Pregúntele: Las abejas hacen miel. ¿Puedes pensar en otras comidas que vienen de los animales o los insectos?**

Bullfrog Books are published by Jump!
5357 Penn Avenue South
Minneapolis, MN 55419
www.jumplibrary.com

Copyright © 2021 Jump! International copyright reserved in all countries. No part of this book may be reproduced in any form without written permission from the publisher.

Library of Congress Cataloging-in-Publication Data

Names: Nelson, Penelope, 1994- author.
Title: De la flor a la miel / Penelope S. Nelson.
Other titles: From flower to honey. Spanish
Description: Minneapolis, MN: Jump!, Inc., [2021]
Series: ¿de dónde viene? | Includes index.
Audience: Ages 5-8 | Audience: Grades K-1
Identifiers: LCCN 2020022464 (print)
LCCN 2020022465 (ebook)
ISBN 9781645276043 (hardcover)
ISBN 9781645276050 (paperback)
ISBN 9781645276067 (ebook)
Subjects: LCSH: Honey—Juvenile literature.
Bee culture—Juvenile literature.
Honeybee—Juvenile literature.
Classification: LCC SF539 N44518 2021 (print)
LCC SF539 (ebook) | DDC 638/.1—dc23
LC record available at https://lccn.loc.gov/2020022464
LC ebook record available at https://lccn.loc.gov/2020022465

Editor: Jenna Gleisner
Designer: Anna Peterson
Translator: Annette Granat

Photo Credits: DONOT6 _ STUDIO/Shutterstock, cover; Slawomir Zelasko/Shutterstock, 1; Fishman64/Shutterstock, 3; Tatevosian Yana/Shutterstock, 4; elmvilla/iStock, 5, 22tl, 23bm; Magdalena Ruseva/Dreamstime, 6-7, 23tr; Diyana Dimitrova/Shutterstock, 8-9, 22tr, 23br; Nenad Nedomacki/Dreamstime, 10-11 (beekeeper), 23tl; DADIKONNA/iStock, 10-11 (bees), 23tl; Dutchinny/Dreamstime, 12-13, 22mr, 23bl; Kzenon/Shutterstock, 14, 23tm; Noble Nature/Shutterstock, 15, 22br; Olha Tytska/Shutterstock, 16-17; Evan Lorne/Shutterstock, 18; sweetOlli/Shutterstock, 19, 22bl; Moyo Studio/Getty, 20-21, 22ml; Tsekhmister/Shutterstock, 24.

Printed in the United States of America at Corporate Graphics in North Mankato, Minnesota.

Tabla de contenido

Las ocupadas abejitas 4
De la flor a la mesa 22
Glosario de fotografías 23
Índice 24
Para aprender más 24

Las ocupadas abejitas

¡La miel es dulce!
¿De dónde viene?

abeja melífera

¡De las abejas melíferas!

Ellas vuelan hacia las flores.

Comen néctar.

No se lo comen todo.
Llevan un poco
a su colmena.

El panal está adentro.
¡El néctar se convierte en miel!
¡Qué chévere!

¿Quién es este?

¡Un apicultor!

Tiene puesto un traje.

¿Por qué?

¡Para que no lo piquen!

Él levanta cada marco.

Hay cera en la parte superior.

cera

14

Él la saca raspándola.

Los marcos se colocan en una máquina.

Esta gira.

La miel sale de ahí.

La miel pasa por un filtro. ¿Por qué? Para atrapar más cera.

filtro

La compramos.

La comemos.

¡Mmm!

21

De la flor a la mesa

¿Cómo llega la miel a nuestras mesas?

1. Las abejas comen néctar.

2. Las abejas llevan el néctar a sus colmenas. Hacen miel en un panal.

3. Los apicultores sacan los marcos de la colmena.

4. Les quitan la cera raspándola.

5. Una máquina le saca la miel a cada marco. Se guarda la miel en frascos.

6. ¡Compramos y comemos miel!

Glosario de fotografías

apicultor
Una persona que cría abejas.

cera
Una sustancia hecha por las abejas melíferas, quienes la usan para hacer un panal.

colmena
Una estructura cercada que se construye para alojar a las abejas melíferas.

marco
Una estructura dentro de una colmena que contiene el panal.

néctar
Un líquido dulce de las flores que las abejas melíferas recogen para convertirlo en miel.

panal
Una estructura de cera hecha por las abejas melíferas para guardar la miel.

Índice

abejas melíferas 5	frascos 19
apicultor 11	máquina 17
cera 14, 18	marco 12, 17
colmena 7	miel 4, 8, 17
filtro 18	néctar 5, 8
flores 5	panal 8

Para aprender más

Aprender más es tan fácil como contar de 1 a 3.

❶ Visita www.factsurfer.com

❷ Escribe "delafloralamiel" en la caja de búsqueda.

❸ Elige tu libro para ver una lista de sitios web.